YOROZU no KOTONOHA no UTA

万の言の葉の歌

改訂新版

下村　敏博

Shimomura Toshihiro

鳥影社

は じ め に

「万の言の葉の歌（よろずのことのはのうた）」という表題は、万葉集に載せられた和歌（やまとうた）に曲をつけたものという意味である。

　万葉集には大君から防人や名もない地方の民までのあらゆる階層の人々が作った歌が集められている。それらの歌には、人間の心の奥底からの叫びや思いが溢れ、それらは生き生きとした輝きに満ちている。

　本歌曲集に登載した歌は、この万葉集が語りかける歌詠み人の素直な心情をどのようにすれば歌曲に表現することができるかを求める試みであった。

　和歌を繰り返し読み、その歌に描かれた世界、心象風景に思いを馳せ、その言葉の一つ一つに相応しいと思える旋律を思い浮かべ、曲の展開を考え、更に適切な和音を探るという曲想を練る作業は興味深く、心楽しいものであった。

　私は、自分の感性に従い自由に曲を作ったが、これらの曲がこれを歌いまた聴いて頂く方にとって万葉集の世界により親しんで頂く縁となれば、幸いである。

2023 年 11 月

下村　敏博

目　次

は　じ　め　に　　　　　　　　　　　　　　　　　　　　　　　　　*1*

I　万葉の四季

1	さわらび	（混声四部）	志貴皇子	*5*
2	梅花の宴	（混声四部）	大伴旅人その他	*8*
3	春の苑	（混声四部）	大伴家持	*12*
4-1	ひめゆり		坂上郎女	*14*
4-2	ひめゆり	（女声三部）	坂上郎女	*16*
5	秋山の彩		額田王	*19*
6	黄葉	（混声四部）	橘奈良麻呂その他	*21*
7	かぎろひ	（混声四部）	柿本人麻呂	*25*
8	大雪	（二重唱）	天武天皇、藤原夫人	*28*

II　挽歌・辞世の歌

9	大君	（女声三部）	倭大后、采女	*31*
10-1	玉藻		柿本人麻呂	*36*
10-2	玉藻	（女声二部）	柿本人麻呂	*40*
11	椎の葉	（男声四部）	有間皇子	*45*
12	暁の露	（女声三部）	大伯皇女	*49*
13	ふたかみやま	（二重唱）	大津皇子、大伯皇女	*52*
14	葛飾の真間の娘子を詠む歌	（男声四部）	高橋虫麻呂	*56*

III　防人の歌

15	ますらを	（男声四部）	大伴家持その他	*64*
16	我が妻は		若倭部身麻呂その他	*66*
17	誰が背	（女声三部）	作者不明	*67*

18　　Wave before me　　　　　　（男声四部）　　私部石島　　　　　　　70

19　　O tell my wife　　　　　　　（男声四部）　　若舎人部広足　　　　73

20　　足柄の坂　　　　　　　　　　（男声四部）　　倭文部可良麻呂　　　77

21　　筑波嶺の花　　　　　　　　　（男声四部）　　大舎人部千文その他　81

Ⅳ　万葉の恋の歌

22　　我が背子は待てど来まさず　（女声三部）　　作者不明　　　　　　86

23　　蓮葉の水　　　　　　　　　　　　　　　　　作者不明　　　　　　89

24　　花橘　　　　　　　　　　　　（混声四部）　　柿本人麻呂　　　　　92

25　　信濃道　　　　　　　　　　　（女声三部）　　柿本人麻呂その他　　96

26　　霧立たば　　　　　　　　　　（混声四部）　　作者不明　　　　　　99

27　　道の長手　　　　　　　　　　（女声三部）　　狭野茅上娘子　　　105

28　　紫草野　　　　　　　　　　　　　　　　　額田王、大海人皇子　107

29　　安達太良の鹿猪　　　　　　（混声四部）　　笠郎女その他　　　110

30　　七夕　　　　　　　　　　　　（二重唱）　　山上憶良　　　　　113

31-1　娘子らが　　　　　　　　　　　　　　　　若宮年魚麻呂　　　116

31-2　娘子らが　　　　　　　　　　（男声四部）　　若宮年魚麻呂　　　119

32　　相聞　　　　　　　　　　　　（混声四部）　　作者不明　　　　　121

Ⅴ　風頌歌

33　　明日香風　　　　　　　　　　（混声四部）　　志貴皇子　　　　　125

34　　瓜食めば　　　　　　　　　　（混声四部）　　山上憶良　　　　　127

35　　籠もよみ籠もち　　　　　　（混声四部）　　雄略天皇　　　　　129

36　　万代予祝の歌　　　　　　　（混声四部）　　大伴家持　　　　　131

万葉集を歌う　―音楽との融合（更なる普遍性を求めて）　　　　　　133

解説　　　　　　　　　　　　　　　　　　　　　　　　　　　　　135

あ　と　が　き　　　　　　　　　　　　　　　　　　　　　　　　175

1番：男声ユニゾン
2番：女声ユニゾン、男声
3番：混声

1．さわらび

志貴皇子
下村敏博　作曲
(Op.11-2)

喜ばしく

男声

い　は　ー　ば　し　る　　た　る　み　の　う　ー　へ　ー　の　　さ　ー

わ　ー　ら　び　ー　の　　た　る　み　の　う　へ　の　さ　わ　ら　び　　の　も　え

い　づ　る　は　る　に　　な　り　に　け　る　か　も

5

さわらび(2)

さわらび(3)

2. 梅花の宴

万葉集巻5「梅花の歌三十二首」より

大伴旅人　山上憶良
小野氏淡理　田上真上
下村敏博　作曲
(Op.39)

梅花の宴(2)

梅花の宴(3)

梅花の宴(4)

11

3. 春の苑

大伴家持
下村敏博　作曲
(Op.34-2)

春の苑(2)

4-1. ひめゆり

大伴坂上郎女
下村敏博　作曲
(Op.10-1)

なつ
のー、野のしげみに　さける　ひめゆりの　しらーえぬ　こいは

くるし　きものそ　しらーえぬ　こい　はーこー　いは　くる

しきものーそ　な　つーのー野にさく　ひめゆ　り

ひめゆり(2)

なつ の一、野のしげみに さけ
る ひめゆりの しらーえぬ こいは くるし きものそ しらー
えぬ こ い はーこーいは くるし きもの 一 そ な
つ一の一野にさく ひめゆ り

15

4-2. ひめゆり

大伴坂上郎女
下村敏博　作曲
(Op.10-2　女声三部)

ひめゆり(2)

ひめゆり(3)

5. 秋山の彩

額田王
下村敏博　作曲
(Op.26)

ふ ゆ こ も り　　は る さ り く れ ば

な か ざ り し と り も き な き ぬ　さ か ざ り し　は

な も さ け れ ど　や ま を も み　い り て も と ら

ず　く さ ふ か み と　り て も　み ず

秋山の彩(2)

20

6. 黄葉（もみぢば）

橘奈良麻呂　久米女王
長忌寸姫　犬養持男
下村敏博　作曲
(Op.40)

黄葉(2)

22

黄葉(3)

黄葉(4)

7. かぎろひ

柿本人麻呂
下村敏博　作曲
(Op.31　混声四部)

かぎろひ(2)

8. 大 雪

天武天皇　藤原夫人
下村敏博　作曲
(Op.15)

わ が さ と に　　お お ゆ き ． ふ れ り ー　　　　　お お は

ら の ー　ふ り に し さ と に　　ふ ら ま く ー は　の ち ー

大雪(2)

わがーおかの　おかみに　いひて　ふらし

めしーゆきの　くだけしー　そこにちーりけむー

わがさとに　おおゆき　ふれりー

わがーおかの

29

9. 大　君

倭大后　采女
下村敏博 作曲
大西有紀 編曲
(Op.12　女声二部)

大　君(2)

32

大　君(3)

大　君(4)

大　君(5)

(68小節目のrit.が molto rit. の場合の左手パート)

10-1. 玉　藻

柿本人麻呂
下村敏博　作曲
(Op.20-1)

とぶとり

あすかのかはの　　かみつ　せに　　おふる　　たまもは

玉藻(2)

37

玉藻(4)

39

10-2. 玉　藻

柿本人麻呂
下村敏博　作曲
(Op.20-2 女声二部)

玉藻(3)

42

玉藻(4)

玉藻(5)

しき たえの そでかへしきみ ー たま
しき ー たえ のー ー かへしきみ ー たま

だ れの おち のすぎゆ またも ーあはめ やも ー
だ れの おち のすぎゆく また も ーあはめ やも ー

11．椎の葉

有間皇子
下村敏博　作曲
(Op.21)

バリトン ソロ

いは し ろ ー の　　はま まつがえを ひき むすび

まさきく あ ー ら ば　また かへり み む

椎の葉(2)

46

椎の葉(4)

48

12. 暁の露

大迫皇女
下村 敏博 作曲
(Op.51 女声三部)

暁の露(2)

暁の露(3)

13. ふたかみやま

大津皇子　大伯皇女
下村敏博　作曲
(Op.16-2 二重唱)

ふたかみやま(2)

ふたかみやま(3)

54

14. 葛飾の真間の娘子を詠む歌

高橋虫麻呂
下村敏博　作曲
(Op.22　男声四部)

葛飾の真間の娘子を詠む歌(2)

②

57

葛飾の真間の娘子を詠む歌(3)

かみだにも　　　かきはけづらず　くつをだに　　はかずゆけども

にしき　ーあやーの　　なかに　ーつつめ

る　　　いはひこもー　いもにーしかめや

③

もちづきの　　　たれるおもわに

はなのごと　　　ゑみてたてれば　ー

葛飾の真間の娘子を詠む歌(5)

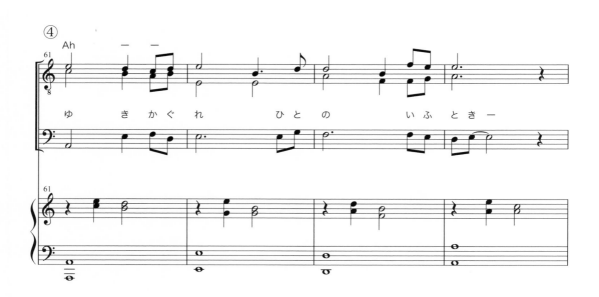

葛飾の真間の娘子を詠む歌(6)

葛飾の真間の娘子を詠む歌(7)

葛飾の真間の娘子を詠む歌(8)

15. ますらを

大伴家持　その他
下村敏博　作曲
(Op.18-2 男声四部)

1. ますら を の　　　ゆきと　りおひ て　　いで て
2. うなば ら に　　　かすみ　たなび き　　たづー

ゆけば　わかれ を をしみ　　　なげ きけむ ー ー つまー
がねの　かなし き よひは　　　くに へしおも ー ほゆー

ますらを(2)

65

16. 我が妻は

若倭部身麻呂　その他
下村敏博　作曲
(Op.19)

（前奏）

1. わ が つ ま は　　い た く こ ー ひ ら し ー　　の む み
2. わ が つ ま も　　え に か き ー と ら む ー　　い つ ま

ず に　か ご さ へ み え て ー　ー　　よ に わ す ら れ ず ー
も が　た び ゆ く あ れ は ー　ー　　み つ つ し の ば む ー

（間奏）

3. み わ た せ ば ー　む か つ を の へ の ー　　は な に ほ ひ　て り て

た て る は ー　ー　　は し き た が ー　　つ ま ー

17. 誰が背

作者不明
下村敏博　作曲
(Op.49)

誰が背(3)

18. Wave before me

私部石島
下村　敏博　作曲
リービ英雄　訳詞
(Op.24 男声四部)

Wave before me(2)

Wave before me(3)

lea - ving mychild and wife be - hind

me lea - ving my childand wife be - hind me.

19. O tell my wife

若舎人部広足
下村　敏博　作曲
リービ英雄　訳詞
(Op.23 男声四部)

O tell my wife
that we have lower-ed the im-peri-al craft in to its berth

O tell my wife(2)

O tell my wife(3)

O tell my wife(4)

20. 足柄の坂

倭文部可良麻呂
下村敏博　作曲
(Op.41)

足柄の坂(2)

足柄の坂(3)

足柄の坂(4)

までに (あ)

までに

21. 筑波嶺の花

大舎人部千文　その他
下村敏博　作曲
(Op.42)

筑波嶺の花(2)

筑波嶺の花(3)

筑波嶺の花(4)

筑波嶺の花(5)

22. 我が背子は待てど来まさず

作者不明
下村敏博　作曲
(Op.43 女声合唱)

23. 蓮葉の水

作者不明
下村敏博　作曲
(Op.28)

蓮葉の水(2)

蓮葉の水(3)

91

24. 花 橘

かぜにちる はな たち ー ばな を そで に うけ

花橘(2)

花橘(4)

95

25. 信濃道

柿本人麻呂　その他
下村敏博　作曲
(Op.45)

信濃道(3)

98

26. 霧立たば

作者不明
下村敏博　作曲
(Op.52 混声四部)

霧立たば(2)

霧立たば(4)

霧立たば(5)

霧立たば(6)

27. 道の長手

狭野茅上娘子
下村敏博　作曲
(Op.32-2 ソロ、女声合唱)

28. 紫草野

額田王　大海人皇子
下村敏博　作曲
(Op.29-2)

紫草野(2)

108

ひ　と　づ　ま

ひ　と　づ　ま

ゆ　え　に　　　　　われ　こ　ひ　め　や　も　　　一

ゆ　え　に　　　　　われ　こ　ひ　め　や　も　　　一

29. 安達太良の鹿猪

笠郎女　その他
下村敏博　作曲
(Op.17　混声合唱)

ら ーしめき なばー つら は か め か も ー

30. 七　夕

山上憶良
下村敏博　作曲
(Op.38)

七夕(2)

31-1. 娘子らが

若宮年魚麻呂
下村敏博　作曲
大西有紀　編曲
(Op.13)

娘子らが(2)

娘子らが(3)

31-2. 娘子らが

若宮年魚麻呂
下村敏博　作曲
(Op.14　男声四部)

1-2. 娘子らが(2)

32. 相 聞

作者不明
下村敏博　作曲
(Op.37-2) 混声合唱

ソプラノ
Solo

しきしま

の　　　　やまとの　くにに　ー　ひとさはに　　みちて

あれども　ー　　　ふじなみの　ー　を　も　ー　ひもとほり

相聞(2)

相聞(3)

相聞(4)

33. 明日香風

志貴 皇子
下村敏博 作曲
(Op.46)

34. 瓜食めば

山上憶良
下村敏博　作曲
(Op.47)

瓜食めば(2)

35. 籠もよ み籠もち

雄略天皇
下村敏博　作曲
(Op.50)

籠もよ み籠もち(2)

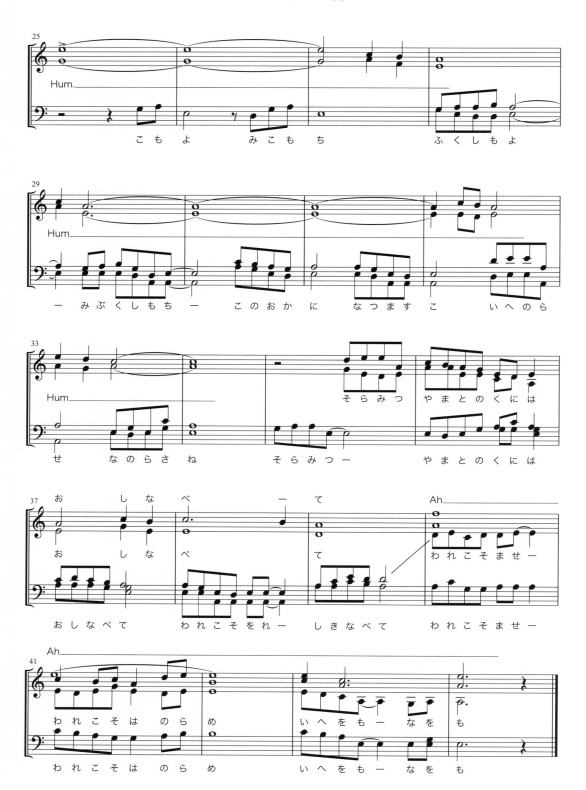

36. 万代予祝の歌

大伴家持
下村敏博　作曲
(Op.48)

万葉集を歌う
―音楽との融合（更なる普遍性を求めて）

1．万葉集は、7世紀後半から8世紀後半の約100年間に作られた歌を集めた日本最古の和歌集であり、4516首を数える。作者はさまざまであり、伝不詳のものも多く含まれている。

　　万葉集の歌を読むと、遠い古（いにしえ）の人々が今自分の目の前に生身の人として存在するが如く現れ、そしてその心が何ら色褪せることなく、生き生きとリアリティをもって感じられる。歌によって1300年の時を超えて万葉人と思いを共有する心地がする。

2．万葉集には「山を愛し、水を愛し、別れを悲しみ、戦いに勇み、男は女を女は男を恋い、慕い、死者を悼み、君を敬い、神々を畏れるなど、すべて自然人の心持ちが歌われて居る」（鈴木大拙「日本的霊性」より）、と述べるが、まさしくこの万葉集から極めて明朗、素朴、おおらかで、健全な人間の心が感じ取られる。万葉人の明快さ、健全さは懐かしく好ましい。

　　また、賀茂真淵は「万葉集」を男性的でおおらかな「ますらをぶり」と評し、これを良しとしたが、万葉集の歌は、ただ「ますらをぶり」だけではなく自然な感情を率直に表現した、やさしく、たおやかな歌も多くあり、たおやかさ、優しさは必ずしもその後の古今集のみのことではない。人の感情の様々な綾が、まさしく万の言の葉として編み込まれた豊かな情緒溢（あふ）れる歌集である。

3．万葉歌の持つ抒情性は、人間の心の奥底の情動に繋がり、人間存在そのものの実相を気付かせてくれる。

　　技巧という虚飾でおおわれていない率直な心が、原色の色彩を帯びて躍動する（正述心緒（せいじゅつしんちょ））。技巧に走り過ぎる表現は、不自然さを生じさせ、時に感興を削（そ）ぐが、万葉集においては、自然な比喩は見られても不自然な技巧は感じられない。

　　ところで、歌は、思いの全てを言葉にして語り尽くすというものではない。また、人の心は全てを文字に表現し尽くせるものではない。言

葉は、抽象化、単純化された概念であり、人の思いは言葉の世界を遥か
に凌駕する。それゆえ人は自らの思いを物に寄せ、その物の具備する情
緒によって思いを伝えんとする（寄物陳思）。そして、外界の自然物など
の客観的事物に思いを託すことにより、他者との情緒の共有が可能とな
る。歌詠み人の発する言葉は本来個人的なものであるが、詠み手は自己
の思いを他者と共有したいという願望を持つ。

4．万葉集の歌は、それ自体が生き生きと瑞々しい感性に満ちている。万
　葉集によく親しんでいる人にとっては、例えば黙ってそれを読み、また
　は静かに口の端に乗せることでその歌の世界にひたり、深くそれを味わ
　うことができよう。それゆえに西洋音楽のメロディー、リズム、ハーモ
　ニーを付けた歌曲とすることにあるいは違和感を持ち、また既にある大
　切な歌のイメージが歌曲とすることで毀されるのではないかと危惧され
　るかもしれない。
　　ただ、詩は音楽と一体となったときには、その詩の持つ情緒を更に深
　め、その輪郭を際立たせ、強い印象をもって歌い手、聴き手の心に訴え
　る。そして音楽という普遍性を持つフレームと融合させることにより、
　詩は新たな生命を吹き込まれ、普遍性をもって表現され、現代人の感性
　に共振し、情緒の共有という広がりを与えることができると考える。

5．この曲集にあるそれぞれの曲は、私自身の率直な自然な感情と感覚に
　従って作ったものである。
　　現代の私が自分なりにその歌にふさわしいと思える音楽に乗せるこ
　とによって、万葉集の世界を1300年も前の古の歌とみるのではなく、
　1300年の時を超えて万葉人と思いを共有し、万葉歌を現代に生きたも
　のとして把えたいと考えた。この試みにより、歌に良き普遍性を付与す
　ることが出来たとすれば望外の喜びである。

1. さわらび

「石走しる垂水の上の早蕨の萌え出づる春になりにけるかも」

志貴皇子（巻8-1418）

　岩の上を水がしぶきをあげて飛び散るように走る滝のほとり
の早蕨が萌え出る春に、なったことだなあ。

　春の到来を喜ぶ歌である。早春の清冽な谷水が岩の上をしぶきを上げて走
り抜けるように流れ落ちて行く。その滝の崖のほとりに萌え出た早蕨が走る
水の飛沫を受けて、生命力に満ちて生き生きと震えている。まさに春の息吹
が感じられる生命の喜びに満ちた早蕨の姿である。人もこの早蕨のように新
たな春に向かって蘇る。万葉びとは、人の手で毀されていない自然の中で、
季節の移ろいを感じつつ日々暮らしていたのであろう。この歌もまた瑞々し
い季節感に満ちている。明るく喜ばしく、生き生きと歌い上げたい。

　志貴皇子（〜716？年）は天智天皇の第7皇子であり、光仁天皇（白壁王）
の父であるが、その母は采女であり、身分が低い故か、自身は天皇とはなら
なかった。壬申の乱により天智から天武の世となり、天智の皇子であった志
貴皇子の立場は微妙なものとなったが、おそらく賢明に振舞い、政争の犠牲
とはならなかったものと思われる。

万葉花 さわらび 巻八

他に「采女の袖吹きかへす明日香風　都を遠みいたづらに吹く」（巻1-51）「葦辺行く鴨の羽交ひに霜降りて寒き夕は大和し思ほゆ」（巻1-64）などがある（本書p169　33.「明日香風」）。

2．梅花の宴

「わが園に梅の花散るひさかたの天より雪の流れ来るかも」

大伴旅人（巻5-822）

私の庭に梅の花が散る。遠い天の果てから雪が流れ来るよ。

「春さればまづ咲く宿の梅の花独り見つつや春日暮さむ」

山上憶良（巻5-818）

　春になるとまず初めに咲くわが家の梅の花、この花を私一人で見つつ一日をすごすことであろうか。

「霞立つ長き春日を插頭せれどいや懐しき梅の花かも」

小野氏淡理（巻5-846）

　霞の立ちこめる春の長い一日を、髪に挿しているけれど、ますます心ひかれる梅の花よ。

「春の野に霧立ち渡り降る雪と人の見るまで梅の花散る」

田氏真上（巻5-839）

　春の野に霧が立ちこめるように降る雪かと人が見紛うほどに、梅の花が散ることよ。

　天平2年正月13日、大宰師（長官）大伴旅人の宅において、咲き始めた梅の花をめでる宴が開かれ、梅の花の歌32首が詠まれた。この内から4首を撰んだ。「落梅」は、華やかさの中に寂しさが漂う。

　大伴旅人（665～731年）は、728年大宰師として大宰府に赴任した。山上憶良と筑紫歌壇を形成する。大伴旅人の歌は万葉集に78首ある。酒をこよなく愛す。子に大伴家持、大伴書持。

元号「令和」は＜梅花の歌三十二首并せて序＞にある「初春の令月にして、気淑く風和ぎ、梅は鏡前の粉を披き、蘭は珮後の香を薫す」を典拠とするとされる。

万葉花　梅　巻五

３．春の苑

「春の苑紅にほふ桃の花下照る道に出で立つ娘子」

（巻19-4139）

　春の苑に紅色に映え美しく咲いている桃の花。輝くその下の道に立ち現れた匂い立つ娘。

「もののふの八十娘子らが汲み乱ふ寺井の上の堅香子の花」

（巻19-4143）

　たくさんの乙女らが入り乱れて水を汲んでいる寺の井戸のほとりに可憐に咲く堅香子の花よ。

「春の野に霞たなびきうら悲しこの夕影にうぐひす鳴くも」

　春の野に霞がたなびいていて何かもの悲しい。この夕方の光
の中にうぐいすの鳴く声が聴こえる。
　　　以上 3 首　大伴家持

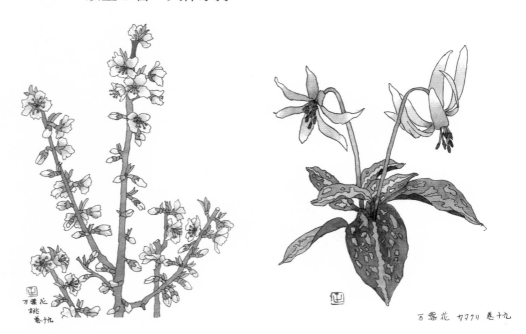

　大伴家持の歌である。
　大伴家持（717 〜 785 年）は、大伴旅人の子であり、大伴坂 上郎女は叔
母にあたる。万葉集の編纂にかかわったと考えられており、万葉集には大伴
家持の歌は 473 首収められている。
　天平 18 年（746 年）6 月、越中の国守に任ぜられ、5 年間越中に赴任する。
その間天平勝宝 2 年（750 年）3 月 1 日から 3 日までの間に作られた 12 首
が越中秀吟として有名であるが、その中からよく知られた 3 首を用いた。
中国的な華やかな趣きをもった歌であるため、中国風の音階を用いて作曲し
た。
　うららかな春の日の駘蕩とした野の情景。頬を紅くした若い娘が桃の花の
咲き誇るを見つつ、姿良く佇む。暖かな色彩に溢れた歌。堅香子草は、別名
「かたくり」。春、水辺に群生する可憐な花である。霞たなびく春の夕景は、
昼間の華やかさの名残の中で、何かしらうら悲しい思いを生じさせる。春は
心の浮き立つ楽しい季節でもあるが、一面哀しい季節である。

４．ひめゆり

「夏の野の茂みに咲ける姫百合の知らえぬ恋は苦しきものそ」

大伴坂上郎女（巻8-1500）

　夏の野の草むらにひとり咲いている可憐な姫百合。（花の色は鮮やかな赤であるが、花びらは小さくつつましい）その姫百合は人に気づかれず咲いている。

　あの人に知ってもらえないその姫百合の秘めたる恋は何と苦しいものか。

万葉花 姫百合 巻八

　大伴坂上郎女（生没年不詳、700年頃〜750年以降頃）は、万葉集の代表的女流歌人であり、恋多き女性と言われている。母は石川内命婦。大伴家持の叔母。

　坂上郎女の歌は他に　「千鳥鳴く佐保の川瀬のさざれ波止む時も無し我が恋ふらくは」（巻4-526）

「来むといふも来ぬ時あるを来じといふを来むとは待たじ来じといふものを」（巻4-527）

「恋ひ恋ひて逢へる時だに愛しき言尽してよ長くと思はば」（巻4-661）

などがある。

この「ひめゆり」は、平成 23 年万葉歌コンクール（明日香村犬養万葉記念館主催）で明日香村村長賞を受賞した。

5．秋山の彩

「冬こもり　春さり来れば　鳴かずありし　鳥も来鳴きぬ
　咲かずありし　花も咲けれど　山を茂み　入りても取らず
　草深み　取りても見ず
　秋山の木の葉を見ては黄葉をば取りてぞ偲ぶ　青きをば
　置きてぞ嘆く　そこし恨めし　秋山我れは」

額田王　（巻 1-16）

　　" 冬がすぎ去り春が来ると、これまで鳴かなかった鳥も来て鳴き、咲かなかった花も咲く。しかし、山が茂り、草も深いので入ることもできず、花を取ることもできない。秋の山は、木の葉を見るにつけ、その色づく葉を手に取ってその色を賞美することもできる。青い葉をそのままにしておくことは残念で恨めしく思うが、私はやはり秋山がよいと思う。"

　天智天皇が藤原鎌足に、春山の万花の艶と秋山の千葉の彩とのいずれがより良いかを判定するように命じたとき、額田王が歌をもって判定をした、その歌。

　額田王（生没年不詳）は、絶世の美女であり、詩の才能豊かな女性であったと言われる。額田王は知的で、自信に満ち、自己の明確な考えを持ち、また、優美さとたおやかさを合わせ持った魅力溢れる女性であったのではないかと想像する。

6. 黄葉

万葉花 モミジ 巻八

「手折らずて散りなば惜しとあが思ひし秋の黄葉をかざしつるかも」

橘奈良麻呂 （巻8-1581）

手折らずに散ってしまったら惜しいと思った秋の黄葉を插頭にしたことよ。

「めづらしき人に見せむと黄葉を手折りそあが来し雨の降らくに」

橘奈良麻呂 （巻8-1582）

　心魅かれるなつかしい人に見せようと黄葉を手折ってきまし
た。雨が降っているのに。

「黄葉を散らす時雨に濡れて来て君が黄葉をかざしつるかも」

久米女王 （巻8-1583）

　黄葉を散らす時雨に濡れて来ましたが、君が手折って持って
来て下さった黄葉を插頭にしました。

「めづらしとあが思ふ君は秋山の初黄葉に似てこそありけれ」

長忌寸娘 （巻8-1584）

なつかしく思う君は秋山の初黄葉にそっくりな方ですね。

「黄葉を散らまく惜しみ手折り来て今夜かざしつ何か思はむ」

縣犬養持男（巻8-1586）

　黄葉を、散ってしまうことを惜しんで手折って来て今夜插頭
にした。もう何も思うことはない。

　天平10年10月17日、橘諸兄の旧宅にて、諸兄の子奈良麻呂が集宴を結ぶ。
その際に詠まれた歌11首から5首を撰んだ。
　日本では3拍子の音楽は少なく、4拍子の音楽が多いが、この曲は3拍子
で創った。3拍子の曲はリズムが軽快で安らぎを与える。

7．かぎろひ

「東の野にかぎろひの立つ見えてかへり見すれば月かたぶきぬ」

柿本人麻呂（巻1-48）

　東の空に明け方の光（曙光）がみえる。
　ふりかえると西の空には月が沈もうとしている。

　この歌は、軽皇子（草壁皇子の子。天武・持統の孫。のちの文武天皇）が、安
騎野（現在の宇陀市大宇陀）に宿りした時に、柿本人麻呂が作った歌である。
軽皇子はこの時10歳。父草壁はすでに亡く（皇位を継ぐのを目前にして689
年27歳で死亡）、これからの時代は軽皇子にかかることになった。
　そこで、亡くなった父草壁を「沈まんとする月」になぞらえ、新しい時代
を象徴する朝陽を軽皇子に喩えて、昇る朝陽を予感させる「かぎろひ」を歌っ
たものとみられる。
　かぎろひ（陽炎）は、東の空に見える明け方の光、曙光をいう。早朝の凜
とした空気の中で、鮮やかに輝きわたる東の空の「かぎろひ」は、来る新し
い時代の希望である。
　柿本人麻呂（660年頃〜724年）はその独創性、格調の高さなどから、「万
葉集」第一の歌人と言われ、万葉集には長歌19首、短歌75首が載せられ
ている。

8. 大雪

「わが里に大雪降れり大原の古りにし里にふらまくは後」

天武天皇 （巻2-103）

　わが里（飛鳥の里）に大雪が降った。そなたが住む大原の古び
た里に降るのは、もっと後のことだろう。

「わが岡のおかみに言ひてふらしめし雪のくだけしそこに散りけむ」

藤原夫人 （巻2-104）

　私が住むこの岡の龍神に命じて降らせた雪がくだけてそのか
けらがそちらの里に降ったのでしょう。

　天武天皇とその妻藤原夫人とのやりとり。

　大和の里は雪が少ない。たまに雪が積もると何か浮き浮きした気分になる。
古も同様とみえて、天武天皇は珍しく浄御原の宮一帯に大雪が降ったことで、
生家である大原の里（浄御原の宮に近い三陸）に居る夫人に対して「どうだこ
ちらは大雪が降ったぞ、大原ではまだ降らないだろう」と自慢して歌い掛けた。

　夫人はこれに対し、「私の居る大原の岡の水の神（龍神）に言って降らせ
た雪のかけらが、そちらに降ったのでしょう」と切り返す。機智にあふれた
小気味よい歌である。

9. 大君

「天の原振り放け見れば大君の御寿は長く天足らしたり」

倭大后 （巻2-147）

　天の原（広々とした天空）を振り仰ぐと、大君の御命は長く天
空一杯に充ち足りている。

　天智天皇の病が重くなり、天智天皇の皇后倭姫（倭大后）は、天皇の命の
長からんことを願いこの歌をよむ。

「人はよし思ひ息むとも玉鬘影に見えつつ忘らえぬかも」

同（巻2-149）

　天皇は671年崩御となる。倭大后は「人がもしたとえ悲しみをわすれようとも、私は玉縵冠を付けた君の面影がちらつき忘れることができない」と嘆いた。

「うつせみし　神に堪へねば　離り居て　朝嘆く君　放り居て
　我が恋ふる君　玉ならば　手に巻き持ちて　衣ならば
　脱く時もなく　我が恋ふる　君そ昨夜の夜　夢に見えつる」

采女などの後宮の女性（巻2-150）

　采女などの後宮の女性の一人が歌ったと言われる。
「この世に生きる私は、神になられた君のお伴をすることはできないので、こうして離れていて朝から嘆きつつお慕い申し上げている君、離れて恋しく思う君、もし君が玉であったなら手に巻いて持ち、衣であれば脱ぐときもなくいつも身につけていようと思う、私の恋い慕う君を私は昨夜夢に見ました」という内容である。
　万葉集の歌らしく、直情的に具体的に、思いのたけを歌っている。恋慕の念は身近な触れあいを持っていたであろうこの女性にとって強い喪失感を伴うものであったと想像できる。

10. 玉藻

「飛ぶ鳥　明日香の川の上つ瀬に　生ふる玉藻は　下つ瀬に
　流れ触らばふ　玉藻なす　か寄りかく寄り　靡かひし
　夫の命の　たたなづく　柔肌すらを　剣大刀
　身に添へ寝ねば　ぬばたまの　夜床も荒るらむ　そこ故に
　慰めかねて　けだしくも　逢ふやと思ひて
　玉垂の越智の大野の朝露に　玉裳はひづち　夕霧に

衣は濡れて　草枕　旅寝かもする　逢はぬ君故
（反歌）敷栲の　袖交へし君　玉垂の越智野過ぎ行くまたも
逢はめやも」

柿本人麻呂（巻2-194、195）

　明日香の川に生えている玉藻は川上から川下に向かって靡き触れあっている。

　その玉藻のように寄り添った夫の皇子がふくよかな皇女の柔肌を今はもう身に添えてやすまれることがないので、夜の床も荒れすさんでいることだろう。

　それ故にどうしても心が慰められず、もしかしたら夫の皇子に逢えるかもしれないと思い、越智の大野に行き、朝露に裳裾は泥まみれになり、夕霧に衣は濡れたまま旅寝をされている。逢えない夫の君を慕いながら。

　袖を交わして床をともにした君は越智野を過ぎて遠くへ行かれた。

　またお逢いすることができようか。

万葉花　玉藻　巻二

柿本人麻呂が泊瀬部皇女とその兄忍壁皇子に献じた歌である。泊瀬部皇女は天武天皇の娘であり、天智天皇の子川島皇子の妻である。川島皇子は持統5年(691年)9月9日に没し、越智野に葬られた。泊瀬部はここで喪に服した。

明日香川の清流に生える玉藻が流れになびき触れ合っている様を、生前の川島皇子と泊瀬部皇女になぞらえて皇女の立場でその悲しみを歌っている。

泊瀬部皇女の川島皇子に対する愛しさと悲しみを表現するには女声ソロもしくは女声二部合唱がふさわしい。

なお、「反歌」とは長歌の終わりに添える歌であり、長歌の意を反復、補足要約するもの。

11. 椎の葉

「岩代の浜松が枝を引き結び真幸くあらばまた帰り見む」

今私は岩代の浜松の枝と枝を引き結んで無事を祈る。

もし幸いにも命があって帰ることができたら、またこの松の枝を見ることができよう。

「家なれば笥に盛る飯を草枕旅にしあれば椎の葉に盛る」

家にいるときは食器に盛って食べる飯なのに、今は旅にあるので、椎の葉に盛ることだ。

有間皇子（巻2-141、142）

有間皇子（640年〜658年）は孝徳天皇の遺児であり、有力な皇位継承者であった。斉明天皇は伯母、斉明の子中大兄皇子は従兄である。

斉明天皇4年（658年）11月3日、天皇の紀温泉行幸中に有間皇子は、中大兄皇子の意を酌んだ蘇我赤兄にそそのかされ、斉明天皇と中大兄皇子に対し挙兵する意思を漏らしてしまったことで捕えられ、紀温泉に護送され、藤白坂（今の和歌山県海南市藤白）で処刑されたとされる。

その旅の途次、自らの運命を予感した有間皇子は「岩代の浜松が枝を引き

結び、真幸くあらばまたかへり見む」と詠む。

　末の枝を結ぶことは旅の無事、安全を祈る呪的習俗とされる。「真幸くあらば」とは、もし万が一願いがかない無事であればという意味であるが、「またかへり見む」という言葉の調子には強い意志も感じられる。私には、運命に堂々と挑んでいこうとする雄々しさも感じられる。

「家なれば（家にあれば）……」の歌は、よく知られた歌であり、直接的には旅の不自由さを歌ったものである。しかし、自らの現在の境遇を客観的に淡々と歌う中に現実を諦（あき）らかに観るという強い精神の落ち着きを見て取ることができる。

　この２つの歌は有間皇子が「死の淵に追い詰められておののいている自己を見詰めた哀傷の歌である」（宮地たか著「生への情念を探る」文芸社 2012より）という把え方がおそらく一般的な理解であろうが、私は有間皇子を弱々しげな悲劇の主人公とみるのではなく、斉明天皇や中大兄皇子を打倒するという強い雄々しさを持った意思的な人物と見たい。この曲を歌う場合には、堂々とした雄渾（ゆうこん）な悲劇を表現して頂きたいと思う。

万葉花　椎ノ蘗　巻二

12. 暁の露

「わが背子を大和へ遣るとさ夜深けて暁露にわが立ち濡れし」

大伯皇女（巻2-105）

　わが愛しい弟を大和に送る。その夜も更けてやがて明け方と
なり、露に濡れるまで私は立ち続けたことだ。

「二人行けど行き過ぎ難き秋山をいかにか君が独り越ゆらむ」

大伯皇女（巻2-106）

　二人で行っても行くことが難しい秋の山をどのようにして君
は一人で越えていることだろうか。

　大津皇子がひそかに伊勢神宮に下向し、伊勢斎宮である姉の大伯皇女に会
い別れを告げて大和に帰る。そのとき大伯皇女が詠んだ歌2首。
　大津皇子の伊勢下向は686年9月24日夜半、26日朝には大和へ出立した。
大津皇子の死刑は10月3日。

13. ふたかみやま

「百伝ふ磐余の池に鳴く鴨を今日のみ見てや雲隠りなむ」

大津皇子（巻3-416）

　大津皇子（663～686年）の辞世の歌である。
　磐余の池は現在の桜井市池之内にあったとされる皇子の邸の近くにあった
池である。皇子は、自分の死に直面し、磐余の池に今日も鴨が鳴いている、
自分の死後も変わりなく鴨は鳴くことだろうと思い、自分は今日だけしか、
鴨を見ることができないと歌う。自分の存在が消えた後もこの世界は何事も
なかったように続いていくのかというある種の空虚感、虚無感が漂うが、諦
観の歌でもある。

「磯の上に生ふる馬酔木を手折らめど見すべき君が在りと言はなくに」

　大伯皇女は、伊勢神宮の斎宮であった。大津皇子は死の前伊勢に下向して姉である大伯皇女に別れを告げる。

　大津皇子の処刑後、大伯皇女が伊勢から京（みやこ）へ還る途次、浜辺の磯の上に白い馬酔木の花が美しく咲いているのを見て、おもわず手折らんとしたが、たとえ手折ってもこの花を見せる人（大津皇子）はもういないと嘆く。

「うつそみの人にある我れや明日よりは二上山を弟背（いろせ）と我れ見む」

大伯皇女（巻2-165）

　大伯皇女（大来皇女）と大津皇子は姉弟ではあるが、ほとんど恋する男女の心境に変わらない。

　大津皇子は、天武天皇の皇子であり、才能に秀でたものがあったが、異母兄の草壁皇子との皇位をめぐる政争を背景にして謀反の疑いをかけられ死を賜る。時に24歳。大津皇子は死後、二上山に葬られたとされ、大伯皇女は、自分はなお現世に生きてあり（うつせみの身）、弟皇子は死してあり、葬られた二上山を弟皇子としてみなければならないという幽明境を異にする悲嘆の思いを歌う。

万葉花　あしび　巻二・二

14. 葛飾の真間の娘子を詠む歌

「鶏が鳴く　東(あづま)の国に　いにしへに　ありけることと
　今までに　絶えず言ひける
　勝鹿(かつしか)の　真間の手児奈が　麻衣(あさぎぬ)に　青衿(あをくび)着け　ひたさ麻を(を)
裳(も)には織り着て　髪だにも　掻(か)きは梳(けず)らず　沓(くつ)をだに
はかず行けども
　錦綾(にしきあや)の　中に包(つつ)める　斎(いは)ひ子(し)も　妹に及かめや
　望月の　足れる面(おも)わに　花のごと　笑みて立てれば　夏虫の
火に入るがごと　水門(みなと)入りに　舟漕(こ)ぐごとく
　行きかぐれ　人の言ふとき　いくばくも　生けらぬものを
　何すとか　身をたな知りて　波の音の　騒く港の　奥津城(おくつき)に
妹が臥やせる
　遠き代に　ありけることを　昨日しも　見けむがごとも
思ほゆるかも
（反歌）
　勝鹿の真間の井を見れば　立ち平(な)らし　水汲ましけむ
　手児奈し思ほゆ」

高橋虫麻呂（巻9-1807）

　東の国、葛飾（現在の千葉県）の真間という所に、手児奈という美しい娘がいた。朝早くから水汲みに忙しく立ち働く輝くように美しい手児奈に男達は想いを寄せ求婚するが、手児奈は一体何故にか、板ばさみとなり悩んだのか、泉に身を投げてしまう。その美しい娘手児奈を偲び歌った高橋虫麻呂の歌。あまりにも早く自ら死を選んだ美しい娘手児奈への愛惜の情、男達の想いに共感し、男声合唱曲にした。

　真間の手児奈の伝説については、山部赤人もこれを長歌にしている（万葉集巻3-431）。
　高橋虫麻呂（生没年不詳）の歌は万葉集に34首あり、うち長歌が14首ある。地方の言い伝えを詠んだ歌が多い。なお「水江之浦島子を詠む歌」（巻9-1741）は浦島太郎伝説を題材にしたもの。

15. ますらを

「大夫の靫とり負いて出でて行けば別れを惜しみ嘆きけむ妻」

大伴家持 （巻 20-4332）

　ますらおが靫(矢を入れて背に負う入れ物)を負って出かけて行った。妻は別れを惜しんで嘆いただろう。

「国々の防人つどひ船乗りて別るを見ればいともすべ無し」

神麻續部島麻呂 （巻 20-4381）

　諸国から防人が集まってきて船に乗り込み、これから別れて行こうとしている。それを見るとどうしようもなく悲しい。

「海原に霞たなびき鶴が音の悲しき宵は国辺し思ほゆ」

大伴家持 （巻 20-4399）

　海原に霞がたなびいて、どこからか鶴の鳴き声が悲しく聞こえてくる。そういう宵は故郷のことが思い出される。

「父母が殿の後方の百代草百代いでませわが来るまで」

生玉部足國 （巻 20-4326）

　父母が住む建物の後にはえている百代草のように百歳まで生きて下さい。私が帰ってくるまで。

　防人の歌は万葉集巻 20 の 4321 〜 4437 に集められている。（巻 13、14 にも何首かある）

　663 年、朝鮮半島の百済救済のために派遣された倭軍が白村江の戦いで、唐、新羅の連合軍に大敗を喫したことで、九州沿岸の防衛のために主に東国から徴用され設置されたのが防人である。

　父母や妻子、恋人と別れ、これからの生死のほども定かでなない任務につき、遥かな九州の地まで赴かねばならない防人自身の、また近しい人々の嘆きの声が胸に迫る。

16. 我が妻

「我が妻はいたく恋ひらし飲む水に影さへ見えて世に忘られず」

若倭部身麻呂（巻20-4322）

　俺の妻は、ひどくこの俺を恋しがっているようだ。飲む水の
上に影まで映って見えて、ちっとも忘れられない。

「我が妻も絵に描きとらむ暇もが旅行く吾は見つつ偲はむ」

物部古麻呂（巻20-4327）

　妻を絵に描き写す暇があったらよかった。旅を行く俺はそれ
を見て妻を偲ぶことができたのに。

「見渡せば向つ峰の上の花にほひ照りて立てるは愛しき誰が妻」

大伴家持（巻20-4397）

　見渡すと、向こうの丘の上に花が匂い咲き、その花に照り映
えて立つのは、愛しい誰の妻か。

　１番、２番は防人の歌であるが、万葉人の天真爛漫さが表れている。とく
に“我が妻は、私をいたく恋うているようだ。なぜなら今私が飲もうとして
いる器の水の面に妻の幻がうかんでいる”という最初の歌は何とも楽しいで
はないか。自分が妻をひどく恋しがっているから、幻を見るんだなあという
のが現代人であろうか。

　また、妻の絵姿を描き、それを肌身離さず持って、いつもそれを見ながら
姿を偲びつつ旅をしたかったのに、暇がなくてそれが出来なかったと悔やむ
若き防人の素直な心根は、かくもあらんと思える。

　３番は、大伴家持が防人の心になって、その愛しい妻への思いを陳べた歌。
愛しい人と別れ、いつまた会えるかも知れず、遠くの九州の地に赴く若い防
人のやり場のない嘆き、胸の痛みが感じられよう。

17. 誰が背

「防人に行くは誰が背と問ふ人を見るが羨しさ物思ひもせず」

（巻 20-4425）

防人に行くのはどなたの夫なのかしらね、などと話している
人を見ると羨ましくてたまらない。何の物思いもしないで……。

「天地の神に幣置き斎ひつついませわが背な吾をし思はば」

（巻 20-4426）

天地の神々に幣をささげて祈り、身を慎み守っていて下さい、
あなた。私を思っていて下さるのならば。

「色深く背なが衣は染めましを御坂給らばま清かに見む」

（巻 20-4424）

濃い色にあなたの衣は染めればよかった。足柄の坂を越える
時にはっきりと見えるでしょうに。
　残された防人の妻たちの歌である。

18. Wave before me

**Wave before me do not rise, for I have come away
leaving my child and wife behind me**

私部石島（巻 20-4385）

「行先に波なとゑらひ後方には子をと妻をと置きてとも来ぬ」
　行く先に大波よ来るな。後には子と妻とを残して来たのだから。

　18、19 はリービ英雄氏訳の防人の歌である（リービ英雄「英語で読む万葉集」
岩波書店 2004）。万葉集の英訳を歌詞として曲をつけることは日本語の詩に
曲をつけるのとは違った新鮮な試みであり、いろいろな発見があった。
　日本語の音韻は、母音のみあるいは子音＋母音という１単位の音節（シラ
ブル）を基本としており、母音で終わる開音節言語という特徴がある。そし

て歌の場合、1つの音に母音あるいは子音＋母音の1つの単位が当てはめられるのが基本である。従って、音符と言葉は1対1対応という簡明な形となるのが原則である。ゆったりと音楽が流れるというイメージがある。

他方、英語は、日本語と比べて子音と母音の癒着度が低く、1シラブルに子音が複数個あったり、二重母音などの場合、1シラブルとしては母音が2個含まれることもあり、日本語と比べて複雑な印象がある。そして英語の場合は、アクセントが際立っており、これを念頭において曲作りをする必要がある。従って自ずから日本語の歌とは異なる特徴を生み出す。

私たちが日本語で万葉集の情緒を受けとめているのとは違った世界が英訳の中に現れている。

19. O tell my wife

O tell my wife/that we have lowered the imperial craft/
into its berth at Naniwa Harbor and setting it with
eighty oars/
have this moment rowed out to sea/have this moment
rowed out to sea

若舎人部広足 （巻 20-4363）

「難波津に御船下ろすゑ八十梶貫き今は漕ぎぬと妹に告げこそ」
難波の港に御船を下ろし浮かべ、八十の梶（多くの梶）を通して、
今まさに漕ぎ出して行ったと妻に伝えてほしい。

20. 足柄の坂

「足柄の　み坂給はり　顧みず　我れは越え行く　荒し男も
立しや憚る　不破の関　越えて我は行く　馬の蹄
筑紫の崎に　留まり居て　我れは斎はむ　諸は
幸くと申す　帰り来までに」

倭文部可良麻呂 （巻 20-4372）

足柄山を越えることを許されて、故郷をふりかえることなく、おれは越えていく。勇敢な男でさえも立ち止まってためらう不破の関を越えておれはゆく。馬のひづめを筑紫の果てまで進めて、そこでとどまる。おれは我身を慎み神に祈る。故郷の人々みんなは無事でと祈ってくれることだ。故郷に帰りつくまでは。

　この歌は万葉集に載る防人の歌の中で唯一の長歌である。故郷への思いを断ち、雄々しく進み、防人の務めを果たそうという決意を示しつつ、しかしいつの日か無事に故郷へ帰ることを切に願う心境を歌っている。残していく愛する人に、親や妻子に、嘆きを残さないようにとの思いで勇ましく笑みを浮かべ故里を後にする防人。どのような顔のどのような姿の男だったのか。かつて訪れた知覧特攻平和会館に掲げられている写真の多くの若い特別攻撃隊員の顔が浮かんできた。特別の人ではなく、今の私たちの周りのどこにでもいるような若者の顔だった。

　足柄峠は、駿河国（静岡県）と相模国（神奈川県）の境にある峠であり、富士山をよく望む景勝地。古くからの交通の要衝。「足柄の坂」と呼んだ（この坂の東を坂東と称した）。万葉集には足柄の坂を詠んだ歌が数多くある。
　九州の筑紫まで防人として旅立つ東国の人々は、この足柄の坂で故郷に別れを告げた。
　不破の関は現在の岐阜県不破郡関ヶ原町にあった東山道の関所であり、東海道の鈴鹿関、北陸道の愛発関（逢坂関）とともに三関と呼ばれる。

21. 筑波嶺の花

「筑波嶺のさ百合の花の夜床にも愛しけ妹そ昼も愛しけ」

大舎人部千文（巻20-4369）

筑波の峰に咲き匂う早百合の花というではないが、その夜の床でもかわいくてならぬ子は、昼間でもかわいくってたまらぬ。

「橘の下吹く風の香ぐはしき筑波の山を恋ひずあらめかも」

占部広方（巻20-4371）

　橘の木陰を吹き抜ける風がかぐわしく薫る筑波の山よ、ああ、あの山にどうして恋い焦がれずにいられようか。

「あが面の忘れも時は筑波嶺をふり放け見つつ妹はしぬはね」

占部小龍（巻20-4367）

　おれの顔を忘れそうな時には、筑波の峰、この峰を振り仰いでは、お前さんはおれのことを偲んでおくれ。

「常陸さし行かむ雁もがあが恋を記してつけて妹に知らせむ」

物部道足（巻20-4366）

　常陸をさして飛んで行く雁でもいればよい。そうしたら、おれのこの苦しみを書いて雁に託して、故郷のあの子に知らせように。

「家風は日に日に吹けど吾妹子が家言持ぢて来る人もなし」

丸子連大蔵（巻20-4353）

　家の方からの風は日ごとに吹いて来るけれど、いとしいあの子の、家の便りを持って来てくれる人とてない。

「立薦の発ちの騒きにあひ見てし妹が心は忘れせぬかも」

丈部与呂麻呂（巻20-4354）

　飛び立つ鴨の羽音のような、門出の騒ぎの中で、そっと目を見交わしてくれた子、その心根は、忘れようにも忘れられない。

「蘆垣の隈処に立ちて吾妹子が袖もしほほに泣きしそ思はゆ」

刑部直千国（巻20-4357）

　葦垣の隅っこに立って、いとしいあの子が袖も絞るばかりに泣き濡れていた姿、その姿が思い出されてならない。

「筑紫辺に舳向かる船の何時しかも仕え奉りて本郷に舳向かも」

　筑紫の方に舳先を向けているこの船は、いつになったら、勤
めを終えて故郷の方に舳先を向けるのであろうか。

　常陸国（茨城県）、上総国（千葉県）から徴用された防人が国に残してきた
恋人を偲び、望郷の思いをこめて詠んだ歌の数々。いずれの歌からも防人の
胸が張り裂けるような思いが感じられる。

万葉花　百合　巻二十

22.　我が背子は待てど来まさず

「我が背子は　待てど来まさず　天の原　振り放け見れば
　ぬばたまの　夜も更けにけり　さ夜更けて　あらしの吹けば
　立ち待てる　我が衣手に　降る雪は　凍りわたりぬ
　今さらに　君来まさめや
　さな葛　後も逢はむと　慰むる　心を持ちて
　ま袖もち　床うち掃ひ　うつつには　君には逢はず
　夢にだに　逢ふと見えこそ　天の足り夜を」

大和の歌（作者不明）（巻13-3280）

いとしいあの方はいくら待ってもおいでにならない。大空を遠く振り仰いで見ると、夜もすっかり更けてしまった。こうして一夜が更けて山下ろしの風までが吹きすさぶので、門口に立って待つ私の衣の袖口に降り積もる雪はすっかり凍てついてしまった。こうなっては今さらあの方がいらっしゃるはずはあるまい。またいつかのちの日に逢えることもあろうと無理やり心を慰めて、両の袖で床を掃い清めては、現実には君にお逢いできないものの、せめて今夜の夢にでもありありと姿を見せてほしいと乞い願っている。更けゆく天夜はほんとに満ち足りているのだもの。

　万葉集巻13の中の相聞歌57首の中の1つ。「相聞歌」とは恋人同士の間で互いに相手の様子を尋ねるなど思い交わす恋の歌。巻13は万葉集唯一の長歌集で、作者はほとんど不明。

23. 蓮葉の水

「御佩を剣の池の蓮葉に　淳れる水の　行方無み
　わがする時に逢ふべしと逢ひたる君を　な寝そと
　母聞せども　わが情　清隅の池の　池の底　われは忍びず
　ただに逢ふまでに」

158

　蓮葉に溜った水玉が、風にゆれる葉の上でコロコロ転がりながらどこへも行けず、迷い、どうしてよいのか途方に暮れているときに逢うべき運命として逢った君、心の底から君を思っています。共寝をしてはいけないと母は言うけれども、私の心は一途で清らかで、君に逢いたく、堪えられない。

　なお、この歌には次の反歌がある。「古の神の時より逢ひけらし　今の心も常忘らえず」

　（はるかな古の神の代から二人は逢っていたのだろう。あなたのことを片時も忘れることができません。）

　万葉集巻13は雑歌、相聞、問答、譬喩歌、挽歌から成る長歌集である。作者はほとんど不詳。この歌も作者は不明であるが、清らかで一途な乙女の焦がれる思いを詠っている。

万葉花　はちす　巻十三

159

24. 花橘

「風に散る花橘を袖に受けて君が御跡と偲ひつるかも」

作者不詳（巻 10-1966）

　　風に舞い散る橘の花を袖に受けとめて君にゆかりのあるもの
として偲んだことよ。

「かぐはしき花橘を玉に貫き贈らむ妹はみつれてもあるか」

作者不詳（巻 10-1967）

　　かぐわしく香る花橘を薬玉に通して送りたい、あなたはやつ
れているだろうか。

「ほととぎす来鳴き響もす橘の花散る庭を見む人や誰れ」

作者不詳（巻 10-1968）

　　ほととぎすがやって来て鳴きたてる橘の花の散る庭を見てく
れる人は誰だろう。

「我がやどの花橘は散りにけり悔しき時に逢へる君かも」

作者不詳（巻 10-1969）

　　我が家の橘の花は散ってしまった。残念な時においでになっ
た君よ

　　橘の実は不老不死の霊力、奇瑞の力を持つとされる（日本書紀、古事記の
「非時香果」）。その花も望みや幸せを呼ぶかぐわしい香りを放つ。万葉集の
後の古今和歌集にも「五月待つ花橘の香をかげば昔の人の袖の香ぞする」（詠
み人知らず）とあり、この後も昔をしのぶ心、昔の恋人への気持ちなどを表
現して詠まれる。

万葉花 たちばな 巻十

25. 信濃道

「信濃道は今の墾道刈株に足踏ましなむ履はけわが背」

信濃国の歌（巻 14-3399）

　信濃の道は、今切り開いたばかりの道です。切り株を足で踏んでしまわれるでしょう。履をはいて下さい、あなた。

「信濃なる千曲の川の細石も君し踏みてば玉と拾はむ」

信濃国の歌（巻 14-3400）

　信濃の千曲川の小石でさえあなたが踏んだ石ならば玉と思って拾いましょう。

「中麻奈に浮き居る舟の漕ぎて去ば逢ふこと難し今日にしあらずは」

信濃国の歌（巻 14-3401）

　中麻奈に浮かんでいるあの舟が漕いで行ってしまったら、もう二度と逢えないかもしれない。今日というこの日に逢ってお

かなかったならば。

　万葉集巻14には「東歌」が載せられている。そのうち「信濃国の相聞往来の歌四首」から3首を用いた。「相聞往来」とは互いに消息を取り交わすことであり、恋の歌を取り交わすこと。一般に「相聞」、「相聞歌」と称す。

26. 霧立たば

「君が行く海辺の宿に霧立たば吾が立ち嘆く息と知りませ」

女（巻15-3580）

　君が行く海辺の宿に霧が立ちこめたらそれは私の嘆きの息と思って下さい。

「秋さらば相見むものを何しかも霧に立つべく嘆きしまさむ」

男（巻15-3581）

　秋になれば帰って来てまた会えるのに何故霧が立つような嘆きをされるのか。

「大船を荒海に出しいます君障むことなく早帰りませ」

女（巻15-3582）

　大船を荒海に漕ぎ出して行かれる君、どうか何の禍いもなく早く帰って来て下さい。

「真幸くて妹が斎はば沖つ波千重に立つとも障りあらめやも」

男（巻15-3583）

　無事でいてとあなたが潔斎して祈ってくれたなら、沖の波が幾重に立とうと何の禍いも起きるはずはありません。

「わが故に思ひな痩せそ秋風の吹かむその月逢はむものゆゑ」

男（巻15-3586）

　私のせいで思ひ悩んで痩せたりなどしないでくれ。秋風の吹

き始めるその月にはきっと逢えるはずだから。

天平8年（西暦736年）6月、新羅に使いを遣した時に、使人らが各々別れを悲しんで贈答した歌11首から5首を撰んだ。

27. 道の長手

「君が行く道の長手を繰り畳ね　焼き亡ぼさむ天の火もがも」

狭野茅上娘子（巻15-3724）

　あなたがこれから行かれる長い道をたぐり寄せて畳んで焼き亡ぼしてしまう、そのような天の火がほしい。

「命あらば逢ふこともあらむ　わが故にはだな思ひそ命だに経ば」

同（巻15-3745）

　命さえあったならば逢うこともありましょう。私のこと故にひどく物思いをしないで下さい。命さえ長らえたならば……。

「あしひきの山路越えむとする君を心に持ちて安けくもなし」

同（巻15-3723）

　山路を越えていく君のことが心にかかり、心穏やかではありません。

「わが背子が帰り来まさむ時のため命残さむ忘れたまふな」

同（巻15-3774）

　あなたが帰って来られる時のために、私は生きています。忘れないで下さい。

　いずれも狭野茅上娘子が恋人の中臣朝臣宅守が越前に配流されるとき詠んだ愛惜の歌。特に「君が行く道の長手を繰り畳ね　焼き亡ぼさむ天の火もがも」の歌は、激しく強い愛情の表出であり、悲嘆と愛別離苦の苦しみを表す。

　癒やし難い喪失感の中でそれでもなお命があったならばまた会える、その時

のために私は生きています、と詠い、なんとか自分の心を支えようとしている。

28. 紫草野

「あかねさす紫野行き標野行き　野守は見ずや君が袖振る」

額田王（巻 1-20）

　紫野を行き標野を往き来して猟をする君が私に向かって袖を
振られるが、野守（野の番人）がそれを見るではありませんか。

「紫草のにほへる妹を憎くあらば人妻故に我れ恋ひめやも」

大海人皇子（巻 1-21）

　紫草のように美しいあなたよ。あなたを憎いのであれば、人
妻なのにどうしてこのように恋しく思うでしょうか。

　天智天皇が近江の蒲生野に遊猟した時に皇太弟の大海人皇子や額田王その
他諸臣が従行した。その時詠まれた歌。
「標野」とは一般の者が立入ることを禁じた野であり「紫野」と同じ場所で
ある。

万葉花　むらさき　巻一

額田王は、大海人皇子の妃であったが、この時額田王は天智天皇に寵愛され、天智天皇の後宮に入っていた。

　宴での座興の歌であり、事実ではない歌という見方もあるが、仮に座興の歌であるとしても大胆な歌のやりとりではある。

　この歌が詠まれた３年後、天智天皇は崩御し、皇位継承を巡って大海人皇子と天智天皇の子である大友皇子との間に壬申の乱が起きる。

　この歌に呼応する如く、中大兄皇子の有名な三山の歌がある。

「香具山は畝傍を惜しと耳成と相争ひき　神代よりかくにあるらし　古へもしかにあれこそ　うつせみも妻を争ふらしき」(巻1-13)（香具山、耳成山は男山、畝傍山は女山）

29.　安達太良の鹿猪

「陸奥の真野の草原遠けども面影にして見ゆといふものを」

笠郎女（巻 3-396）

　遠い陸奥の真野の草原さえ面影として見える（想像することができる）のに、どうしてあなたは姿を見せてくれないのか。

「安達太良の嶺に臥す鹿猪のありつつも吾れは至らむ寝処な去りそね」

陸奥国の歌（巻 14-3428）

　安達太良の嶺には鹿や猪はいつも同じねぐらにいる。俺も変わらず通って来るから、この住まいから去るなよ。

「陸奥の安達太良真弓はじき置きて反らしめきなば弦はかめかも」

陸奥国の歌（巻 14-3437）

　弓を使ったまま放っておいたら、二度と弦を張ることはできないよ。

（愛を囁いておきながら、放っておいたら、私に二度と愛を囁けないよ。）

　陸奥国にちなんだ恋歌３首を１つの曲としてまとめた。男も女も強い情熱をもって生き抜いているさまを彷彿とさせる。

そして、万葉集に現れる女性は、健康的で大らかではちきれんばかりの生命力を持っている。その意味では確かに女性も「ますらおぶり」と評してもよいのだろう。

30. 七夕

1. 「秋風の吹きにし日よりいつしかとあが待ち恋ひし君ぞ来ませる」

山上憶良（巻8-1523）

　秋風が吹き始めた日（旧暦７月の立秋。今の８月７日頃）からいつかいつかと待ちこがれたあなたが、今こそおいで下さった。

2. 「天の川　いと川波は立たねども　さもらひ難し　近きこの瀬を」

同（巻8-1524）

　天の川の川波がひどく立つというわけでもないのに、船に乗り渡ることが出来ない。こんなに近い瀬だのに。

3. 「袖振らば　見もかはしつべく　近けども渡るすべなし　秋にしあらねば」

同（巻8-1525）

　袖を振れば互いに見交わすことができるほど近いけれども渡るすべがない。今はまだ秋ではないので。

4. 「玉かぎる　ほのかに見えて　別れなばもとなやこひむ　逢う時までは」

同（巻8-1526）

　ほんのちらっとお逢いしただけで別れてしまったなら、どうしようもなく恋に苦しむでしょう。またお逢いする時まで。

　１と４の歌は織姫の気持ちを２、３は牽牛の思いを歌う。七夕は五節句の１つであり、旧暦７月７日の夜をいうが、その夜、天の川（銀河）の両岸にある織姫星（おりひめ）、牽牛星（ひこぼし）が年に一度会うという伝説は

日本をはじめ、中国、韓国にもある。

31. 娘子らが

「娘子らが插頭のために　遊士が蘰のためと　敷きませる
　国のはたてに　咲きにける　桜の花の　にほひはもあなに
（反歌）
　去年の春逢へりし君に恋ひにてし桜の花は迎へけらしも」
若宮年魚麻呂（巻8-1429、1430）

　乙女らがかざしにするように、また風流の士がかずらにするように、国のすみずみまで咲き匂う桜の花よ、ああ。
　去年の春に逢ったあなたに恋をした桜の花はあなたを迎えたようだ。

万葉花　さくら　巻八

　国のすみずみまで桜の花が美しく咲き、春の長閑で心の浮き立つ様が詠まれている。桜花を歌った雅やかな美しい歌であり、桜の花が恋い焦がれていると歌うことで、花に託して自らの恋心を伝えている。

この歌などは、どうしても「ますらおぶり」という形容がふさわしいというものではなく、たおやかな、優美な趣がする。

32.　相聞

「磯城島（しきしま）の　大和（やまと）の国に　人多（さは）に　満ちてあれども
　藤波の　思ひもとほり　若草の　思ひつきにし
　君が目に　恋ひや明かさむ　長きこの夜を
（反歌）
　磯城島の大和の国に人二人ありとし思（も）はば何か嘆かむ」

作者不詳　（巻 13-3248、3249）

　この磯城島の大和国には、人は溢れるようにいっぱいいるけれど、まつわりついて咲いている藤の花のように、若草のあざやかな色が目につくように心がまつわりついて離れない君、その君の目が恋しく、君に会いたく焦がれつつこの長い夜を明かさねばならないのか。

　この磯城島の大和国に、あなたのような人が二人いると思えれば何でこのように嘆いたりしようか。

　唯一人の男を、また唯一人の女を焦がれ恋い慕う相聞歌である。この歌は、思う人に対し心がまつわりついて離れないという一途な女の恋情が溢れており、反歌はまた、あなたのような人が二人いれば、このように嘆くこともないのに、という男の心の苦しさが切実に述べられている。

　九鬼周造の「情緒の系図」は、短歌を材料として感情というものの哲学的考察を加えたものであるが、その中で、「愛は常に愛惜である」「『愛（かな）し』という全体感情の中に『悲し』という部分感情が含まれている」、また「『恋しい』という感情の裏面には常に『寂しい』という感情が控えている」とも言う。この悲しみを伴う感情の念、寂しさを含む恋情がこの歌からにじみ出てくるように思われる。

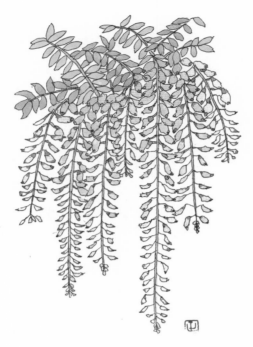

万葉花 藤 巻十三

33. 明日香風

「采女の袖吹きかへす明日香風　都を遠みいたづらに吹く」

志貴皇子（巻 1-51）

采女の袖を翻した明日香の宮に吹いた風よ。
都は遠くなり、今吹く風はただ空しく吹いている。

采女は、古代の豪族の娘で、容姿端麗なものが選ばれ天皇の側に仕えた。

「葦辺行く鴨の羽交ひに霜降りて　寒き夕は大和し思ほゆ」

志貴皇子（巻 1-64）

葦の生えた水辺を漂う鴨の羽交ひに霜が降って寒さがしみる
夕べは大和のことが思われる。

志貴皇子の歌は他に本書 5、135 ページの「さわらび」（巻 8-1418）がある。

34. 瓜食めば

「瓜食めば　子ども思ほゆ　栗食めば　まして偲はゆ
　何処より来りしものそ　眼交に　もとな懸りて
　安眠し寝さぬ
（反歌）
　銀も金も玉も何せむに　勝れる宝　子に及かめやも」

山上憶良（巻 5-802、803）

　　瓜を食べると子どものことが思われる。栗を食べるとますま
す子どものことがしのばれる。一体、子どもというものは何処
から来たのだろう、不思議でならない。目の先にちらついて、
気になって安眠することができない。

　　（反歌）

　　銀も金も玉も何ということがあろうか、子どもほどの宝はない。

　この歌はすべての親が我が子にそそぐ愛情の深さを表している。
　山上憶良（660 ～ 733 年）は、702 年遣唐使として唐に渡り、唐の文化、儒教、
仏教などを学び、首皇子（のちの聖武天皇）の侍講をつとめる。726 年筑前
守に任ぜられ、大伴旅人とともに筑紫歌壇を成す。百済からの渡来人という
説もある。
　山上憶良にはこの妻や子に対する愛しみを歌う「瓜食めば」の歌や、有名
な「貧窮問答歌」のほか本書 113 ページの「七夕」、また自然の草花を愛でる「秋
の七草」（巻 8-1537、1538）などがあり、その歌の世界は温かく愛に満ちている。

35. 籠もよみ籠もち

「籠もよ　み籠もち　掘串もよ　み掘串持ち
　この岡に　菜摘ます子　家告らせ　名告らさね
　そらみつ　大和の国は　おしなべて我こそ居れ
　しきなべて我こそ座せ　我こそは　告らめ
　家をも名をも」

　　美しい籠を持ち、美しい串を持ち、この丘で若菜を摘む娘よ、
　お前の家はどこか、名は何か、教えてくれ。私はこの大和国を
　治めている者だ。私こそ私の家も名前も名乗ろう。

　雄略天皇御製とされる万葉集巻頭の歌であるが、宮廷における宴会におい
て楽器に合わせて歌われたとの説もある。
　万葉集に取り上げられた初期の歌は集団で踊りと共に歌われたとみられて
いる。記紀歌謡の時代はことば（詩）が主体で、メロディーが未発達であり、
リズムを主体として集団で歌われていたようであるが、歌いながら踊ってい
たとするなら、一つの推測が生まれる。日本人にとって歌謡や踊りにおいて
最も親しみやすいリズムは4拍子であることから、これらは4拍子のリズ
ムで歌われていたのだろうと思われる。
　そこで、この「籠もよみ籠もち」の曲の前半を4拍子のリズムで、手拍
子で集団で歌えるように作曲した。

　※和歌の隠れたリズムについて
　和歌の「五七五七七」には4拍子のリズムが隠されていると考えられる。
言葉の文字上のリズムは「五七五七七」であるが、これを詠唱する場合は4、
4、4……の規則的なリズムになる。この場合、息継ぎもかねて休みが効
果的に組み込まれる。
　例えば、志貴皇子の「さわらび」にこれを当てはめると以下のようになる。

　　　〇は1拍休み　　△は半拍休み

この和歌には4拍子のリズムが隠れているという捉え方は初期の万葉歌は集団で歌われていたということから気づいたことであったが、その後関連する文献を調べた際に、既に1977年に英文学者別宮貞徳の「日本語のリズム—四拍子文化論」（講談社現代新書）という著作で同様の見方が詳細に展開されていたことに驚いた。

　ただ、別宮貞徳氏のリズムの区切り方は私のとはやや異なる。例えば、同氏は古事記にある

「八雲立つ　出雲八重垣　妻ごみに　八重垣つくる　その八重垣を」の歌を次のように区切る。

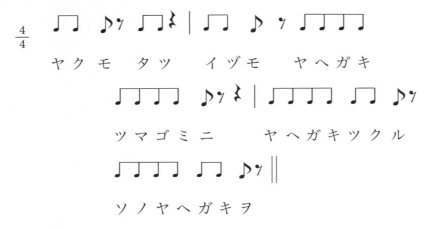

ヤクモ　タツ　イヅモ　ヤヘガキ

ツマゴミニ　ヤヘガキツクル

ソノヤヘガキヲ

万葉花　若葉　巻一

これは言葉の意味を重視してそれに整合する形でリズムを区別したものと思われ、ある種合理的である。しかし、これではいちいち意味を考えてリズム分けをしなければならず、集団で唱和するに適さないのではないかと思われた。

　私はむしろより単純に次のとおり規則的にリズムをきざむ方が集団的に唱和するに適すると考える。

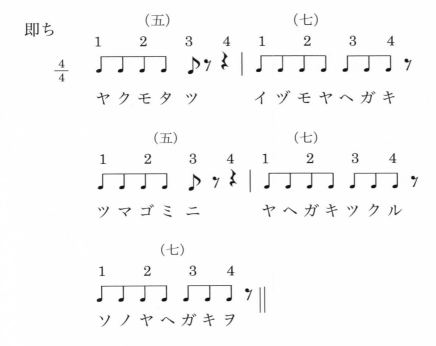

　このようになる。なお、これは字余りの場合も問題なくリズム読みできる。先にあげた「さわらび」の歌の第４句「もえいづるはるに」は８文字で字余りであり、これを言葉の意味に従ってリズム分けをすると４拍子に納まらなくなり、♩♩♩♩♪♩♩♪♩という形の５拍子となる。この場合はあくまでも、♩♩♩♩♩という形の５拍子となる。この場合はあくまでも、♩♩♩♩と４拍子にリズム分けすべきであろう。

36. 万代予祝の歌

「新しき年の初めの初春の今日降る雪のいやしけ吉事」

大伴家持（巻 20-4516）

　　新しい年のはじめの初春の今日、雪が降りしきっている、降
　りしきる雪が重なるようにますます吉い事が重なれ。

　　天平宝字 3 年（759 年）の春の正月一日、因幡の国庁における饗において、
国守である大伴家持が国郡の司らを集めた宴において詠んだ寿歌。新年正月
一日に降る雪に瑞兆を感じ、新しい年が良い年であるように願う清々しい歌
である。
　　万葉集の最後を飾る歌。

あ と が き

　万葉歌曲集「万の言の葉の歌」初版を平成 29 年 10 月 15 日に発刊し、その後この曲集に登載した歌を歌うことを活動の柱とするアンサンブル・エテルノの結成に至り、これまで奈良県内外でコンサートを重ねてきました。

　実際に歌う中で、曲の一部を改訂し、また新たに十数曲を作曲し、これらを整理して、この度本書「万の言の葉の歌」改訂新版を発刊する運びとなりました。

　万葉集の歌に曲をつけるという試みを始めて早 10 年余りが過ぎました。

　これまでご支援とご助言を賜りました全ての皆様に、心よりお礼を申し上げます。

　万葉集には、古くから大和の地を彩ってきた数々の植物が詠み込まれています。これら花々や草々は、歌に麗しさと香りとしみじみとした情趣を添えてくれる大切な存在です。

　この度、本改訂新版の発刊にあたり、奈良墨と筆ペンの老舗として知られる株式会社呉竹の元会長綿谷正之氏に万葉植物の数々を描いて頂き、本書の挿入画とさせて頂きました。

　綿谷氏による格調高く優美な絵画のおかげで、この曲集が色彩に富んだ趣深いものとなりましたこと、この場をお借りして深く感謝申し上げます。

　　令和 5 年秋の佳き日に

　　　　　　　　　　　　　　　　　　　　　　　下村　敏博

ピアノ伴奏編曲

　　大西有紀…………大君、娘子らが

　　大向千恵…………玉藻

　　岡野弥生…………ひめゆり、秋山の彩、紫草野、蓮葉の水

　　金子智瑞子………七夕、暁の露

　　北野友梨…………O tell my wife、Wave before me

　　沢田真智子………ふたかみやま、安達太良の鹿猪、

　　下村敏博…………大雪、ますらを、春の苑、黄葉、誰が背、
　　　　　　　　　　　足柄の坂、筑波嶺の花、花橘、信濃路、霧立たば、
　　　　　　　　　　　明日香風

　　羽賀由美子………さわらび、かぎろひ、葛飾の真間の娘子を詠む歌、
　　　　　　　　　　　椎の葉、我が背子は待てど来まさず

　　善澤志麻…………相聞

参考文献

　　「新訂 新訓 万葉集」佐佐木信綱（岩波文庫）1991

　　「万葉集㈠〜㈣」中西進（講談社文庫）1978〜1983

　　「万葉集一〜四」伊藤博訳注（角川ソフィア文庫）2014

　　「万葉集鑑賞事典」神野志隆光編（講談社学術文庫）2010

　　「英語でよむ万葉集」リービ英雄（岩波新書）2015

　　「万葉秀歌　上・下」斎藤茂吉（岩波新書）1968

　　「日本語のリズム—四拍子文化論」別宮貞徳（ちくま学芸文庫）2005

　　「詩経—中国の古代歌謡」白川静（中公新書）2022

　　「詩経」目加田誠（講談社学術文庫）1991　　　　　　　その他

　　万葉の花　イラスト画（表紙・本文）　　　綿谷正之

〈著者紹介〉

下村敏博（しもむら　としひろ）

昭和25年年 奈良県生まれ。一橋大学社会学部卒業。弁護士（奈良弁護士会所属）。
「奈良まほろば法律事務所」の代表。
平成10年度奈良弁護士会会長、日弁連常務理事。奈良弁護士会業務対策委員会委員長、司法修習委員会委員長並びに綱紀委員会委員長などを歴任。
奈良県労働委員会公益委員（会長）
平成27年春の藍綬褒章（労働行政功績）、令和2年春の叙勲において、旭日小綬章を受章する。
県や県内自治体の行政委員会委員、大学で法律学の講師を務めるとともに、各種団体からの依頼による講演も精力的に行っている。裁判所関係では民事・家事調停委員、鑑定委員を長らく務める。

【音楽関係】
大学時代から合唱を始め、混声合唱団（一橋大学・津田塾大学合唱団ユマニテ）でテノール兼学生指揮者を務める。男声アンサンブル・シュヴァリエを友人の税理士らと立ち上げる。
また、講話と音楽の集い「まほろばの風」代表として地域の文化活動にも携わる。
これまで数多くのソロ・ステージを重ね、オペラへの出演を行うなど音楽活動をライフワークのひとつとしている。ソロCD「星も光りぬ」「風のまほろば」をリリース、平成24年、27年にはテノールリサイタルを開催。
平成23年、万葉歌コンクールで、万葉歌「ひめゆり」が明日香村村長賞を受賞した。
平成29年12月、自身の作曲した万葉集を歌うことを活動の柱とするアンサンブル・エテルノを結成し、県内外においてコンサートを行い好評を得ている。令和2年奈良県立大学学歌（作詞）の公募にて最優秀賞を受賞する。

万の言の葉の歌
改訂新版

2023年12月1日初版第1刷発行
著　者　下村敏博
発行者　百瀬精一
発行所　鳥影社 (choeisha.com)
〒160-0023 東京都新宿区西新宿3-5-12トーカン新宿7F
電話 03-5948-6470, FAX 0120-586-771
〒392-0012 長野県諏訪市四賀229-1（本社・編集室）
電話 0266-53-2903, FAX 0266-58-6771
印刷・製本　シナノ印刷
©TOSHIHIRO Shimomura 2023 printed in Japan
ISBN978-4-86782-031-5　C0073

乱丁・落丁はお取り替えします。